윌리엄 캐리
하나님의 꿈을 따라간 구두수선공

Calling
Copyright © 2004 by Toshiwo & Kazue Katsuma
Originally published in Japanese by Word of Life Press Ministries:
2-1, Kandasurugadai, Chiyoda Ku, Tokyo 101-0062 JAPAN
All rights reserved.

Korean translation Copyright © 2011 GoodSeed Publishing

본 저작물의 한국어판 저작권은 Word of Life Press Ministries와
독점 계약한 〈좋은씨앗〉에 있습니다.
신저작권법에 의하여 한국 내에서 보호받는 저작물이므로
무단전재와 무단복제를 금합니다.

윌리엄 캐리 Calling
하나님의 꿈을 따라간 구두수선공

초판 1쇄 발행 | 2011년 12월 9일

글 | 카츠마 카즈에
그림 | 카츠마 토시오
책임편집 | 배정아

펴낸이 | 신은철
펴낸이 | 좋은씨앗
출판등록 | 제4-385호(1999. 12. 21)

주소 | 서울시 서초구 양재동 2-30, 덕성빌딩 4층
영업부 | 전화 (02)2057-3041/팩스 (02)2057-3042
편집부 | 전화 (02)2057-3043
홈페이지 | www.gsbooks.org
이메일 | sec0117@empal.com

ISBN 978-89-5874-177-0 07230
Printed in Korea

이 책을 추천합니다

선교훈련에 참여하는 이들이 꼭 듣게 되는 선교사가 몇몇 있는데 그 중 하나가 윌리엄 캐리입니다. 하지만 윌리엄 캐리가 왜 '개신교 근대 선교의 아버지'라 불리는지, 영웅시된 업적 뒤에 가려져 있던 고민과 고난과 그가 치른 대가들과 구체적인 업적에 대해 알고 있는 사람은 극히 드뭅니다. 이 책은 캐리가 영웅이 아닌 한 인간으로서 고난을 곱 씹으며 살았던 우리와 성정이 같은 사람임을 보여줍니다. 이 책을 읽는 모든 이들이 21세기 한국의 윌리엄 캐리를 꿈꾸게 될 것입니다.
_ 이대행 선교사 (선교한국 대회 상임위원장)

윌리엄 캐리는 선교 역사상 가장 위대한 개신교 선교사입니다. 그는 성경번역가이자 사회개혁자 과학자이자 동시에 목회자였습니다. 그분의 삶과 사역을 가까이 들여다볼수록 놀라운 하나님의 역사를 발견할 수 있습니다. 이 만화를 통해 그분의 헌신을 더 생생하게 살펴보고 멀게만 느껴졌던 선교사의 삶을 더 가깝게 느끼게 될 것입니다.
_ 한철호 선교사 (선교한국 파트너스 상임위원장)

교회에서 윌리엄 캐리는 유명한 선교사로서 인식되지만, 사실 인도에서 그가 끼친 영향력은 종교적인 면보다는 사회적으로 훨씬 큽니다. 나라를 바꾸고 사회를 바꾼 이 시대의 진정한 'Nation Changer' 인 그를 만화로 만나게 되어 정말 기쁩니다. 윌리엄 캐리가 어렸을 적 그의 인생을 바꾸는 데 큰 영향을 끼친 「쿡 선장 최후의 항해」라는 책처럼 이 만화를 볼 누군가에게도 그런 일이 일어나길 기대합니다.
_ 문희곤 목사 (높은뜻 푸른교회)

가진 것 없고 할 수 있는 것도 없고 무엇을 해야 할지도 모르겠는데, 그 누구의 인정도 받지 못한다면, 아니 그럼에도 하나님께서 왜 자신을 이 세상에 보내셨는지, 왜 살아야 하는지, 왜 버텨야 하는지 알고 싶고 의미 있는 인생을 갈망한다면, 그래서 세상을 두루 살피려 한다면, 여기 이 책을 읽기 바랍니다. 윌리엄 캐리의 좌절, 회복, 열정, 인내, 그리고 아름답고 풍성한 열매를 글과 그림으로 만날 수 있습니다.
_ 김용재 목사 (다음 세대를 섬기는 사람들의 연대 대표)

윌리엄 캐리에 관한 짧은 안내문

근대선교의 아버지 윌리엄 캐리[1761-1834]는 시골에서 태어나 초등학교 학력이 전부인 평범한 사람이었습니다. 그렇지만 누구보다 하나님께 위대하게 쓰임을 받았지요. 특별해 보일 것 없는 윌리엄 캐리가 기독교 역사에 한 획을 긋는 사람으로 성장할 수 있었던 이유는 무엇일까요? 비밀은 여기에 있습니다. 하나님께서 주신 꿈을 마음에 품고, 그 꿈을 이루기 위해 열심히 노력했다는 것입니다. 누구나 아는 이야기라고요? 하지만 캐리의 삶은 이로 인해 특별해졌습니다. 캐리의 고향인 영국의 노샘프턴셔 폴러스푸리에서는 당시 대부분의 사람들이 천이나 구두를 만들어 생활했습니다. 캐리의 아버지 역시 직조공이었지만 목사와 선생

물톤 침례파 예배당. 윌리엄 캐리가 처음으로 정식 목사가 되어 설교한 곳이다. 캐리 부부는 이곳으로 오기 전 첫째 아이를 먼저 떠나보내는 아픔을 겪기도 한다.

직을 겸했기에 신실한 믿음의 환경에서 자랄 수 있었습니다. 16세 되던 해부터 구두 가게에서 구두를 만들기 시작한 캐리의 관심은 구두공이 되는 것에만 있지 않았습니다. 곤충, 식물, 물고기 등 다방면에 관심이 많았고 언어적 재능 또한 탁월했죠. 그리스어와 히브리어를 익혀 신약 성경을 비롯해 다방면의 책을 접하게 됩니다. 어릴 적 읽은 「쿡 선장 최후의 항해」라는 책을 통해 세상에는 복음을 필요로 하는 곳이 많음을 느끼게 됩니다. 이때부터 그의 마음에 선교의 작은 씨앗이 심겨지게 된 것입니다.

어느 날 한 사건을 계기로 캐리의 신앙에 결정적인 변화가 일어납니다. 스승님의 심부름으로 구두 가게에 돈을 받으러 갔다가 일부를 몰래 슬쩍 한 것입니다. 이 일로 크게 죄책감에 시로잡힌 캐리는 교회도 가지 못하고 괴로운 나날을 보내게 되죠. 이를 곁에서 지켜보던 친구는 비국교도 모임에 참석해보라는 제안을 합니다.

이곳에서 그는 이제껏 알던 공의의 하나님을 넘어선 은혜의 하나님을 만나게 됩니다. 자신의 죄 때문에 괴로워하던 캐리가 인간의 죄를 사하기 위해 죽으신 용서와 사랑의 하나님을 인격적으로 만나게 된 것입니다. 이를 계기로 캐리는 자신의 부르심을 다시 한 번 확인합니다. 예수님께 자신의 생을 드리기로 결정하고 열정적으로 하나님에 대해 배워나가기를 계속 합니다.

선교의 필요성을 최초로 외치다

18세기 영국 교회의 지도자들은 복음 전파의 지상명령은 사도들에게만 주어졌다고 믿었습니다. 타 민족의 회심은 식민지 사업과 관계가 없는 한 자신들과는 아무런 상관이 없다고 생각했습니다. 그러다 1792년 봄, 캐리는 해외 선교의 필요성을 주장하는 87쪽의 책을 발행합니다. 책의 제목은 이렇습니다.

「이방인을 개종시키기 위해 기독교인들이 강구해야 할 수단들에 대한 질의서」An Enquiry into Obligation of Christians to use Means for the Conversion of the Heathen 이 책을 펴낸 후 노팅엄에서 개최된 침례교 연합회 모임에서 이사야서 54장 2-3절을 설교하며 지금까지도 사람들의 입에 오르내리는 말을 남깁니다.

하나님으로부터 위대한 일을 기대하라.
하나님을 위하여 위대한 일을 시도하라.

그의 설교를 듣고 감동을 받은 목사들이 새로운 선교회를 만들기로 합의했는데, 이것이 유명한 침례교선교회입니다.

아내의 우울증과 가족의 잇따른 죽음을 딛고서

1793년, 마침내 영국 침례교회의 첫 파송선교사가 된 그는 인도로 향하는 배에 오릅니다. 하지만 이 후에 펼쳐지는 그의 사역은 불안과 공포와 고통, 굶주림의 연속이었습니다. 우선 아내 도로시의 반대가 극심했습니다. 1781년 스무 살 무렵에 구두방 주인의 소개로 만난 아내는 그보다 다섯 살이 많았고 글을 읽거나 쓰지 못했습니

월리엄 캐리가 후굴리 강을 이틀 동안 거슬러 올라가 도착한 인도 캘커타의 전경.
후굴리 강에는 죄를 씻어내기 위해 목욕을 하는 인도인들이 많았다.

다. 처음에는 도로시와의 결혼생활이 순탄한 듯 보였지만 이후에는 서로에게 큰 상처를 남기게 됩니다. 도로시는 선교에 대해서는 전혀 뜻이 없는 사람이었죠. 알지도 못하는 낯선 땅에서 아이들을 기르는 데 대한 두려움이 매우 컸습니다. 여동생의 동행으로 가족 모두가 인도에 가게 되지만 이질로 아들을 잃는 아픔을 겪은 후 도로시는 우울증에 시달리게 됩니다. 결국 상태가 점점 악화되어 정신 착란 증세로 일찍 숨을 거둡니다.

캐리의 선교를 도왔던 사람들.
왼쪽부터 존 토마스 의사, 존 라일랜드 목사, 앤드류 풀러 목사.

이 후 자녀들도 병으로 일찍 죽는 등 캐리는 가족을 잃는 상실의 아픔과 가난, 사역의 어려움에 시달리게 됩니다. 그럼에도 불구하고 믿음을 잃지 않고 굳건히 나아갑니다. 그의 노력은 1800년 말, 인도에 온 지 7년째 되던 해에 한 사람의 인도인이 세례를 받는 일로 열매를 맺기 시작합니다.

캐리는 날마다 성경을 번역했으며 말씀을 전하고 세람포르라는 기독교 대학도 설립합니다. 그가 남긴 업적은 대단합니다. 동료 선교사들과 함께 인도의 6개 언어로 성경을 완역하고 29개 인도 방언으로 신약성경과 쪽 복음을 번역합니다. 그리고 7권의 문법책과 3권의 사전을 편찬했지요.

그가 '근대선교의 아버지' 라 불리는 이유는 개신교 최초로 해외 파송을 받았기 때문만은 아닙니다. 인도에서 40년간 선교 사업에 힘

쓴 그의 노고와 편지를 통하여 많은 선교 기관들이 창설될 수 있었기 때문이죠. 런던선교회, 스코틀랜드의 글라스고우선교회, 네덜란드선교회, 교회선교회, 영국 해외성서공회, 미국 해외선교위원회, 미국 침례교선교협회, 미국 성서공회가 창설되어 오늘날 선교의 기틀이 마련되었습니다. 그리고 인도의 악습 중 하나인 사티 Sati, 남편이 죽으면 산 아내를 함께 화장시키는 제도를 없앤 것은 링컨의 노예해방만큼이나 위대하고 역사적인 업적입니다.

   자신 앞에 놓인 수많은 어려움을 극복하고 부르심을 향해 나아갔던 불굴의 소명자 윌리엄 캐리. 그는 1834년 73세의 나이로 숨을 거둡니다. 그가 죽기 전 미리 써둔 유언장의 글귀는 묘비에 새겨졌습니다.

   1761년 8월 17일 출생, 1834년 6월 9일 죽음.
   가엾고 비천하고 연약한 벌레 같은 내가
   주님의 온유한 팔에 안기다.

1787년 여름

영국의 작은 마을 물톤

저는 어릴 적 「쿡 선장 최후의 항해」를 읽고

세상에는 복음을 필요로 하는 사람이 많다는 것을 알게 되었습니다.

예수님께서는 그들을 사랑하십니다. 그래서 우리를 보내시려는 것입니다.

내 부모님 역시 하루 종일 천을 만들었으나, 아버지는 목사 겸 교사였기에 나는 말씀을 배우며 자랄 수 있었다.

많은 사람들이 구둣방을 하면서 인근 마을에 구두를 팔았기 때문에, 아버지도 나에게 구두 만드는 일을 권유했다. 그런 이유로….

* 당시 영국에서는 크리스마스를 기념하여 돈이나 선물을 주고받는 일이 종종 있었다.

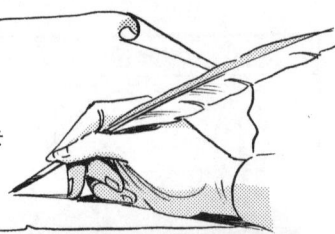

오늘, 스승님의 신뢰를 저버리고 돈을 훔쳤다.
설령 다른 사람들은 알지 못한다고 하여도 모든 걸 아시는 하나님을 생각하면, 무서워서 얼굴을 들 수가 없다.

윌리엄 왜 얼굴을 가리니?

윌리엄 지금 무슨 짓을 한 거야?

하나님, 저는 도둑질을 했습니다.

대체 무슨 짓을 한 것인가….

하나님,
이 죄를 용서해 주십시오.
다른 사람들이 알지 못하도록 숨겨 주시면
이제부터는 절대 죄 짓지 않고 살겠습니다.

며칠 후

알아 봤느냐?

니콜 스승님. 그게….

윌리엄!

윌리엄!

네, 지금 갑니다.

쾅—

*영국 국교회(성공회) 교리와 예배의식을 따르기 거부한 개신교 집단.

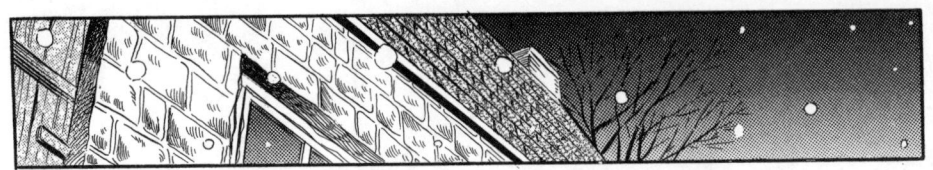

"윌리엄, 예배에 빠졌다는 게 사실이야?"

"응, 안 갔어."

스승님의 용서를 받고 구두 만드는 일은 계속 할 수 있었지만, 나는 부끄러워 교회는 물론 어디에도 갈 수 없었다.

"그럼 나랑 비국교도 모임에 한번 가보지 않을래?"

"어?"

"어떤 곳인지 한번 들러보는 건 어때?"

존은 내가 알지 못하는 무언가를 가지고 있음을 어렴풋이 느낄 수 있었다.

존은 진짜 기쁨이 무언지 알고 있는 것 같았다.

"한번 생각해 볼게."

비국교도 모임에서는 성경은 지금도 살아있는 하나님의 말씀이라고 했다.

우리 안의 죄 된 옛 사람은 예수님과 함께 십자가에 못 박혔습니다. 죄 사함 받은 우리는 더 이상 죄의 노예가 아닙니다.

하나님, 저는 정말로 불쌍한 죄인입니다.

아버지여 저희를 사하여 주옵소서. 자기의 하는 것을 알지 못함이니이다.

공의의 하나님은 죄를 못 본체 하지 않으신다.
그러나 그분은 회개할 기회를 주시고 용서해 주시는
사랑의 신이라는 사실을 어제 경험했다.

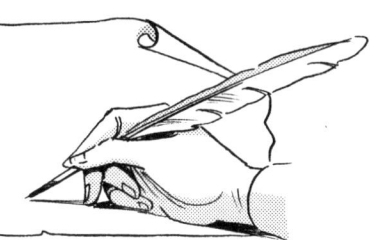

지금부터는
내 죄를 용서해 주시고
대신 십자가에 달리신
예수님을 위해
살아가겠습니다.

무엇을 할 수 있을지는
알 수 없지만….

니콜 스승님
오늘은 쉬어도
될까요?

그렇게 하렴.
오늘은 일이 없구나.
폴러스푸리에 또 그리스어를
배우러 가는 거니?

해클턴 마을

아직 21세인 나를 하나님은 사용하시려고 한다. 치장하지 않은 있는 그대로의 내 자신을 하나님께 내어 드리는 것만으로 충분하다는 사실을 요즘 배우고 있다. 주님께 감사!

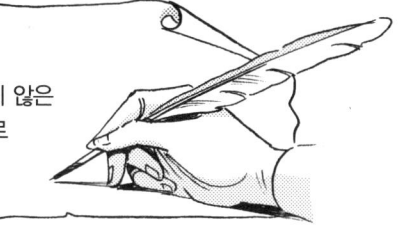

1782년 여름

나는 매일 이른 새벽 버튼 교회에 갔다가 해가 져서야 돌아오곤 했다.

오가는 길에는 집 근처 목사에게 배운 히브리어로 시편을 암송하면서 지루함을 달랬다.

찌직~

아-

이 구두도 완전히 너덜너덜해졌구나.

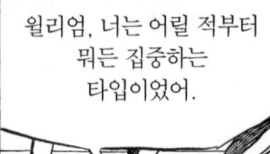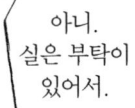

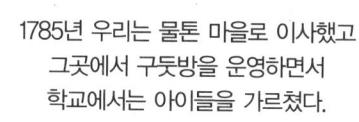

1785년 우리는 물톤 마을로 이사했고 그곳에서 구둣방을 운영하면서 학교에서는 아이들을 가르쳤다.

하나님의 계획을 미리 알았다면 나는 공포에 떨었을지도 모른다. 목사 취임식 날인 오늘 주님이 보여 주신 것은 지금 이 순간 내디뎌야 하는 한 걸음이었다.

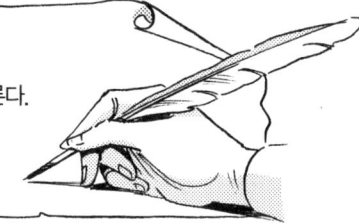

안녕하세요?

안녕하세요? 도로시 아줌마, 캐리 선생님.

아! 로버트, 피터, 한나, 안녕? 오늘도 덥겠다.

펠릭스, 같이 놀래?

귀엽다.

벌써 이가 났어.

물톤 마을에서 살게 된 뒤 하나님은 우리에게 남자 아이를 주셨다.

첫째 아이를 천국으로 보낸 상처가 깊었던 도로시는 새 생명의 탄생으로 위로를 얻었다.

캐리 선생님~ 책 읽어 주세요.

그래, 무슨 책이니?

「쿡 선장 최후의 항해」예요.

요즘 영국에서 가장 인기 있는 책이라고 아빠가 말해 줬어요.

참 오랜만이다. 나도 어릴 적에 열심히 읽었는데.

좋아! 지리 시간에 함께 읽도록 하자.

와! 신난다~

아이들과 함께 책을 읽는 동안 내 마음에도 쿡 선장의 열정이 그대로 전해지는 듯 했다.

나는 인도나 중국, 아프리카에 대한 책들을 어렵게 구해서 읽었다.

그리고 책에 쓰여 있는 내용을 정리하여 손수 만든 지구본에 써 넣었다.

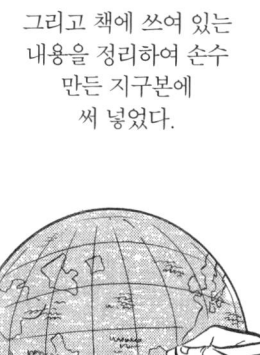

지구 반대편 섬에 살고 있는 사람들도 하나님의 사랑으로 창조되었으니 하나님의 복음을 전해야 한다.

하나님의 사랑에 그저 감사하는 것이 내가 그분을 사랑하는 방법이라는 것을 깨달았다. 하나님의 사랑을 더 알기 원한다고 기도하는 가운데 하나님께서 놀라운 말씀을 들려 주셨다.

> 윌리엄

> 나를 위하여 위대한 일을 시도하여라.

> 나로부터 위대한 일을 기대하여라.

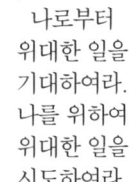

1786년 노샘프턴 교역자 회의

이렇게 모두 모이는 일도 흔치 않으니

이번 기회에 건의 사항이 있으면 함께 생각해 보는 것도.

좋은 생각입니다, 박사님.

그럼 의견 있으신 분은 말씀해 주세요.

저기…

땅 끝까지 이르라고 쓰인 말씀에 따라 우리도 목숨을 걸고 복음이 전파되지 않은 곳으로 향하는 것이 주님의 뜻이라고 생각합니다.

젊은이 자리에 앉게나.

과연.

나는 이렇게 생각합니다. 인간을 구원하기 위해 하나님은 미약한 인간의 힘을 빌릴 필요는 없다고요. 그분의 힘만으로 충분히 복음은 전파되는 것이죠.

윌리엄
...

나를 위하여 위대한 일을 시도하여라.

나로부터 위대한 일을 기대하여라.

로마서 8장 31절

하나님이 우리를 위하시면 누가 우리를 대적하리요.

윌리엄이 선교단체의 파송을 받아 인도에 선교사로 간 것은 그로부터 6년 후의 일이다.

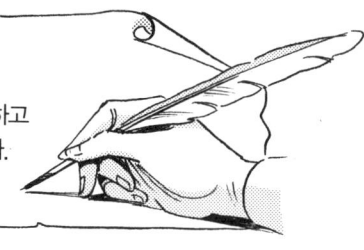

우리 가족은 매일 먹을 것을 걱정해야 하는 가난한 생활을 하고 있습니다. 그렇지만 불평하지 않습니다. 하나님을 신뢰합니다.

에드먼드 씨, 아드님에게서 편지요.

아, 감사합니다.

아버지, 건강은 어떠신지요? 저는 하나님의 은혜에 의지하여 복음 사역을 하고 있으니 염려치 마세요.

담당하고 있는 학교는 아침 9시부터 오후 4시까지입니다. 두 주에 한 번 근처 마을에서 설교를 하고, 한 달에 한 번은 또 다른 마을에서 설교를 합니다.

월요일은 외국어 번역일, 화요일은 과학과 역사 공부, 수요일에 설교 1회, 목요일은 심방을 하고 금요일과 토요일은 주일 설교를 준비하면서 주님께 기도드립니다.

그리고 틈틈이 생활을 위해 구두일을 하고 있어요.

아버지라면 제가 편하게 살기보단 힘들지만 의미있는 삶을 살 수 있어서 다행이라고 생각해 주실 줄 믿습니다.

제 몸은 제 것이 아닙니다. 저를 위해 이 길을 선택한 것은 더더욱 아니고요. 하나님께서 저를 사용하고 계심을 느낍니다.

아버지라면 분명 이해해 주실 거라 믿습니다.
저를 여기까지 달려오게 한 것은 주님의 사랑입니다.
하나님의 사랑과 용서하심을 생각하면
매 순간이 감사로 넘칩니다.

저는 아직 복음이
전해지지 않은 곳으로
선교의 길이 열리기를
바랄 뿐입니다.

그렇지.
미지의 땅에
대해서 조사한 것을
정리하면 된다.

선교의 중요성을
호소하기 위한
좋은 방법이야.

라일랜드 박사님과
풀러 선생님도 선교에
대한 이해가 모자란
것은 정보가 워낙
부족한 탓일 거야.

세계의 대륙, 섬, 인종,
종교 등에 대해 조사한 것을
정리해서 보여 드리자.

*인콰이어리(An Enquiry into obligation of Christians to use Means for the Conversion of the Heathen)

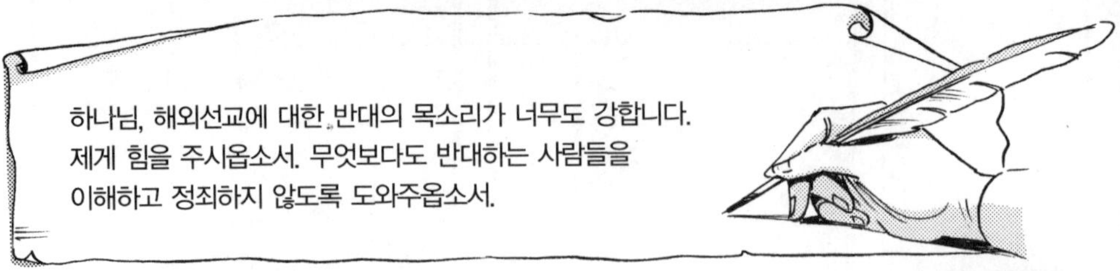

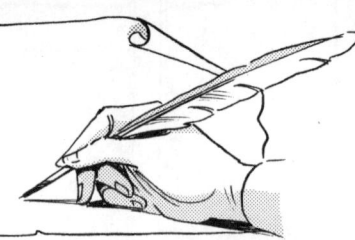

하나님, 해외선교에 대한 반대의 목소리가 너무도 강합니다. 제게 힘을 주시옵소서. 무엇보다도 반대하는 사람들을 이해하고 정죄하지 않도록 도와주옵소서.

주님, 성령 충만하게 하옵소서. 베드로에게 힘을 주셨던 것처럼 할 말을 할 수 있도록 저를 도와주옵소서.

많은 사람들이 「인콰이어리」를 읽고 선교에 대해 새롭게 생각하게 되었다.

이 책을 계기로 1792년 봄 영국의 노팅엄에서 개최된 교역자 대회의 강사로 초대되었다.

내 앞으로
도착한
한 통의
편지.

먼저 느닷없이 편지를 드린 점
사과드립니다. 저는 인도 벵골에서
선교활동을 하고 있는
존 토마스라고 합니다.

그는 열렬한 침례파 신자로
의사입니다. 런던에서 개업한 병원이
잘 되지 않아 동인도 무역선의
의사로서 캘커타에 갔습니다.

라일랜드 박사, 캐리 선생!
존 토마스 의사에 대해
알아봤습니다.
편지에도 쓰여 있듯이…

그러던 중 벵골에서
동인도회사의 그랜드 경을
만나 그의 경제적
지원으로 의료선교활동을
해왔습니다.

그러나 그와 의견이 대립된 이후로
선교 활동이 중단된 상태입니다.
그랜드 경은 영국으로 돌아와 동인도
회사의 중역으로 일하고 있습니다.

선교협회 위원회는 토마스 의사와 인도 선교에 대한 회의를 거쳐

토마스 의사도 지금은 귀국해 있으며 다시 인도에서 선교 활동을 하기 위해 경제적 지원 단체 및 인도에 함께 갈 선교사를 찾고 있다가 「인콰이어리」를 읽고 캐리 목사에게 연락을 한 것 같습니다.

그리고 이 모든 일에 하나님의 뜻을 구하며 결정을 내렸다.

캐리 선생, 하나님의 뜻이라면 토마스 의사와 함께 인도에 갈 의향이 있습니까? 캐리 이외에 마땅한 사람도 없습니다만….

라일랜드 박사님, 물론 가겠습니다!

오늘 밤 아내에게 인도 선교에 대해 말해야 한다.
주님, 도로시에게 어떻게 말해야 하나요?
아내가 이해할 수 있도록 도와주세요.

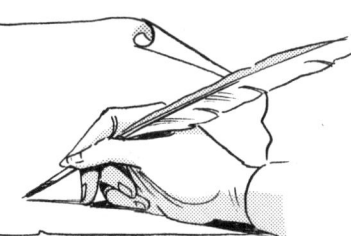

여보, 아이들은 다 잠들었어?

그래요.

여보, 자기 전에 할 말이 있어.

무슨?

존경하는 아버지, 그토록 바라고 바라던 일이 이제 실현되려고 합니다. 동인도 벵골에 선교사로 나가게 되었습니다. 저는 제 삶을 주님께 드렸습니다. 인도로 부름 받은 것을 무한히 영광스럽게 생각하고 있습니다.

그러나 도로시는 이 일로 매우 힘들어하고 있고 함께 갈 수 없다고 매일 눈물을 흘립니다. 뿐만 아니라 교회 분들도 인도에 가지 말고 곁에 있어 달라고 합니다. 그러나 주님의 뜻은 인도에….

애가 정신이 어떻게 된 거 아니냐.

아버지 진정하시고 잘 생각해 보세요. 형은 진심이에요.

가족의 기대를 저버리지 않는 형이 결정한 거라면 분명 하나님이 형을 인도에 보내시려는 것이 맞을 거예요.

윌리엄,
아기와 양들은 말이지….
목자의 음성을 들으면 바로 달려가.
만약 예수님이 부르시면
바로 달려가는 거다.

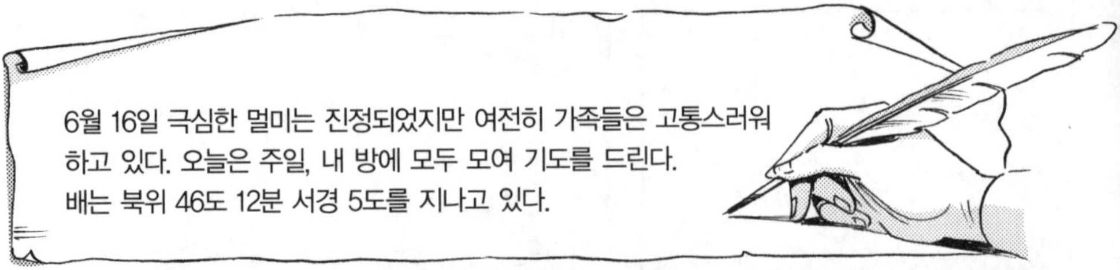

*당시 동인도회사의 횡포로 인도에서는 영국인에 대한 반감이 컸다.

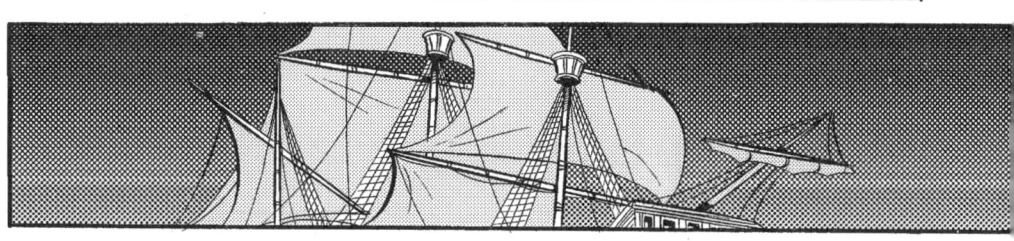

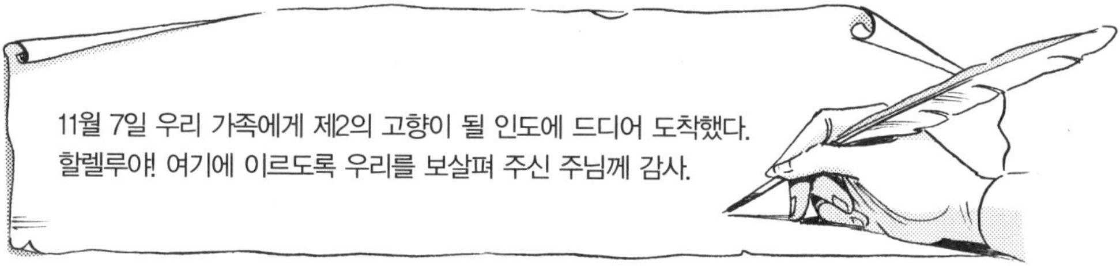

11월 7일 우리 가족에게 제2의 고향이 될 인도에 드디어 도착했다. 할렐루야! 여기에 이르도록 우리를 보살펴 주신 주님께 감사.

영국을 떠나 5개월간에 걸친 긴 여행이 이제 끝나려 한다.

인도 사람들이 성스럽게 여기며 예배를 드리는 갠지스 강이 눈앞에 펼쳐졌다.

동인도회사의 허가증을 갖고 있지 않은 우리들은 선장의 알선으로 준비된 작은 배로 갈아탔다.

말다
세람포르
캘커타
갠지스 강
후굴리 강
벵골 만

1600년부터 영국의 동인도회사는 인도 시장을 목적으로 세력을 확대하여 1690년에는 캘커타에 사무소를 설립하기에 이른다. 1757년에 시작된 프랑스와의 전쟁에서 승리한 영국은 그 지배력이 점점 강해졌다.

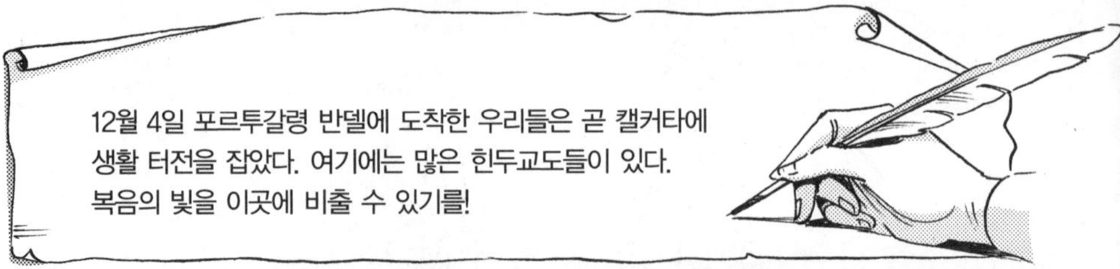

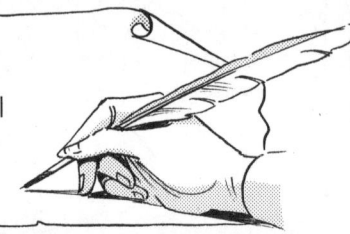

12월 4일 포르투갈령 반델에 도착한 우리들은 곧 캘커타에 생활 터전을 잡았다. 여기에는 많은 힌두교도들이 있다. 복음의 빛을 이곳에 비출 수 있기를!

캘커타에는 20만 명 정도가 살고 있다.

유럽 사람들과 인도 사람들이 반반이다.

캘커타라는 이름은 카리 사원에서 유래했는데

저 강에서 목욕을 한 후 사원에서 예배를 드려요.

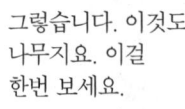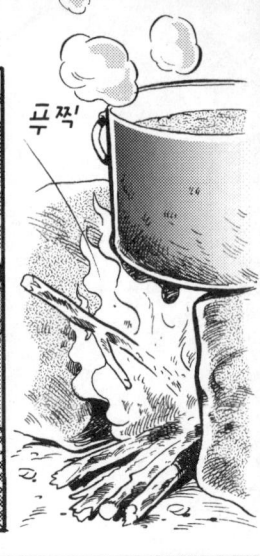

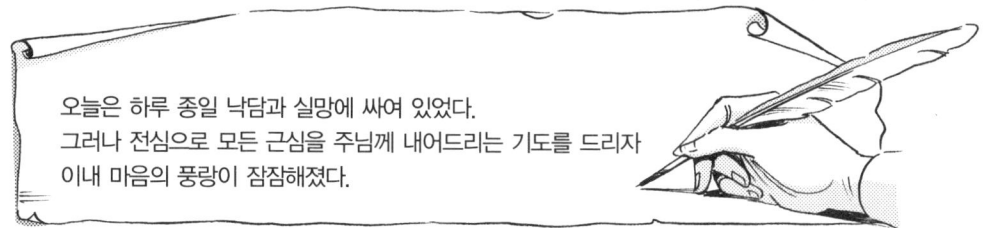

오늘은 하루 종일 낙담과 실망에 싸여 있었다.
그러나 전심으로 모든 근심을 주님께 내어드리는 기도를 드리자 이내 마음의 풍랑이 잠잠해졌다.

토마스 의사는 우리와 헤어지기 전 데하루타의 집을 소개해 주었다.

쿠오

쿠오오

놀랍게도 라무 보슈는 가족을 남겨 둔 채 우리와 함께 가기로 결정했다.

펠릭스, 괜찮아요? 이질이 나은 지 얼마 되지도 않았는데.

괜찮아. 그런데 이 소리는 뭐야?

2월 23일 하나님을 찬양. 마음에 평안이 찾아왔다. 빨리 인도어를 배우고 싶다. 혼자서라도 선교활동을 할 수 있는 것에 감사. 설령 목숨을 잃는다 해도 후회는 없다.

푸드드득

바스락

캐리 선생 위험해요. 위험해.

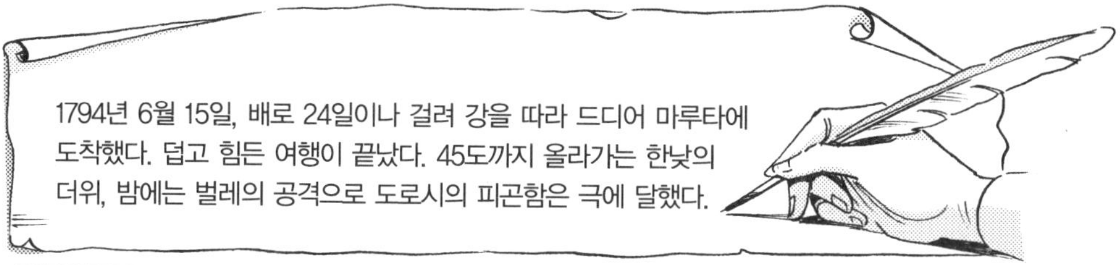

1794년 6월 15일, 배로 24일이나 걸려 강을 따라 드디어 마루타에 도착했다. 덥고 힘든 여행이 끝났다. 45도까지 올라가는 한낮의 더위, 밤에는 벌레의 공격으로 도로시의 피곤함은 극에 달했다.

소트 씨와 캐서린이 결혼식을 올리는 것을 보고 새로 고친 오두막을 두 사람에게 맡긴 채 그곳을 떠났다.

유노니 씨가 부탁한 염료공장은 갠지스 강과 그 지류가 흐르는 곳, 보이는 것은 모두 논밭인 대평원의 중심부에 있었다. 그곳에는 작은 부락도 흩어져 있고 보리수와 망고나무가 심겨 있었다.

도착하자마자 나는 근처 마을의 염료공장으로 견학을 가서 일을 배웠다.

아이들도 점차 야생에 익숙해졌지만 가끔 뱀이 나타나면 도로시는 벌벌 떨곤 했다.

계절풍이 불기 시작해 인디고* 수확이 시작될 무렵 일꾼들 몇이 물어볼 게 있다며 나를 찾아왔다.

공장장님, 수확이 잘 되도록 여신에게 제물을 바쳐도 될까요?

여러분, 그건 안 됩니다.

왜 안 되죠?

*염료의 재료가 되는 작물

수확이 무사히 끝나도록 신에게 빌고자 하는 마음은 잘 알겠습니다만 상대가 잘못되었습니다.

상대가 틀렸다고?

이렇게 훌륭한 자연을 만들고 다스리시는 분은 사람이 만든 나무 조각이 아닙니다.

여신이 나무로 만들어진 것은 맞지만 그 안에 신이 살아있어요.

천지를 만드신 신이 이런 작은 조각 따위에 살 거라고 생각합니까?

무슨 소린지 잘 모르겠어. 나 혼자서라도 제사를 드려야지.

그래.

그렇게 하자.

공장장이라는 지위를 이용해 제사를 금지하게 했지만 사실 내키지는 않았다.

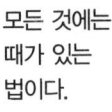

모든 것에는 때가 있는 법이다.

칸, 뭘 하고 있나?

공장장님, 학문의 신에게 기도하고 있어요.

학문?

이렇게 기도하면 똑똑해져요.

그렇구나. 나도 똑똑해지기 위해 신에게 기도한 적이 있어.

어떤 신에게 기도했나요?

내가 기도드린 신은 전지전능한 사랑과 공의의 신이야.

그럼 나도 그 신에게도 부탁할래요. 그러면 두 배로 똑똑해지겠죠?

칸! 너는 몇 명이지?

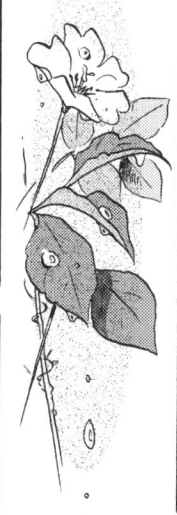

그 후로 도로시의 마음은 회복되지 않았다.

여신을 받들지 않고 그리스도 따위를 믿어서 사모님이 저렇게 된 거야.

그렇긴 한데 저런 사모님을 귀찮아하지 않고 돌보는 공장장님 좀 봐. 너라면 그렇게 할 수 있어?

음, 글쎄.

대단한 사람이야. 말하는 것과 행동하는 게 똑같잖아.

그렇긴 하네.

아플 때에도 건강할 때에도 당신을 사랑해. 당신을….

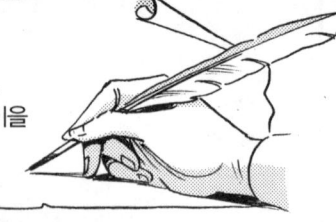

더 많은 선교사가 인도에 필요합니다. 언젠가 저는 죽습니다. 인도 사람들에게 전할 생명의 불이 꺼지지 않도록 내 뒤를 이을 선교사를 키워 달라고 하나님께 씨름하듯 기도 드렸다.

서트클리프 선생님, 곧 벵골어로 번역한 창세기, 마태복음, 마가복음, 야고보서를 보내드리겠습니다.

영국 노샘프턴 주

아직 완전치 않으나 벵골어 단어와 문법을 정리한 것도 동봉합니다. 저를 이어 인도에 파송될 선교사들에게 도움이 된다면 그보다 좋은 일은 없겠죠?

캐리 선교사는 입버릇처럼 노력하겠다고 말하는데 정말 말 그대로 사는 사람이에요.

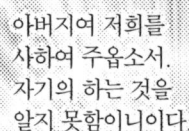

얼마 전부터 이방인인 인도 사람들에게 나는 아무런 도움도 되지 못하는 존재라는 생각이 들었다. 주여, 이전의 희망과 비전에 가득 찬 기쁨을 다시 한 번 저에게 안겨 주시옵소서.

6년 후. 수년간 염료공장은 문제없이 잘 돌아갔지만 아낌없이 나를 도와 준 유도늬 씨가 몇몇 사업에 실패 하면서 큰 손해를 본 데다

홍수마저 겹쳐 결국 공장은 막대한 피해를 입은 채 문을 닫았다.

든든한 버팀목이었던 라무 보슈마저 우리 곁을 떠나 고향으로 돌아갔다.

존, 이사 준비하는데 방해하지마.

아버지, 이번엔 어디로 가는 거예요?

키다폴이라는 마을이야.

하나님의 멋진 계획이 그곳에 있지.

이럴 때를 대비해서 저축해둔 선교회 지원금으로 유도니 씨에게서 사둔 공장 터가 그곳에 있단다.

거기에 집 몇 채를 지어서 영국에서 선교사가 언제든 올 수 있도록 준비하려고 해.

대단해요.

그리고 인쇄공장도 지을 거야.

성경과 소책자도 인쇄할 수 있겠네요.

1799년 9월 22일, 인도에서 사역하는 것이 영국에서처럼 쉽지 않다는 것을 깨달았다. 그러나 결코 낙심하지 않겠노라 나는 오늘밤도 주님께 매달렸다.

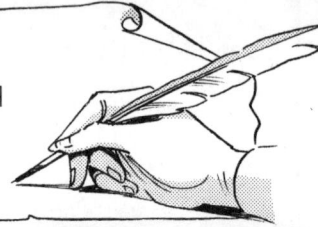

캐서린, 가족들과 곧 영국으로 돌아가게 되었다는 소식을 듣고 마음이 쓸쓸해졌어. 긴 배 여행이 안전하도록 주님께 기도하고 있어.

귀국 전에 도로시를 만나고 싶은 처제의 마음은 알지만 도로시는 더 이상 예전의 그녀가 아니야.

만나면 양쪽 모두 상처를 받지 않을까 걱정돼. 나도 도로시를 영국으로 돌려보내 거기서 살게 하고 싶은데 아이들에게 엄마라는 존재가 얼마나 중요한지….

형부….

그리고 나 역시 도로시와 헤어지는 건 견딜 수 없어. 마음의 병이 있어도 도로시는 나의 소중한 아내야.

하나님, 인도에 있는 형부와 언니를 지켜 주세요.

매 순간마다 큰 어려움이 놓여 있다. 앞길은 칠흑같이 어둡기만 하다. 그렇기에 나는 더욱 앞으로 나가고 싶다. 여기서 멈추면 지는 것. 하나님, 오늘 하루도 살아갈 힘을 주옵소서.

아버지, 손님 오셨어요. 영국 분요.

하나님께서 모든 것을 선한 길로 인도하신다는 사실을 나는 매일 경험하고 있다. 염료공장 때 익힌 금전 관리 경험이 선교에 큰 도움이 되고 있다.

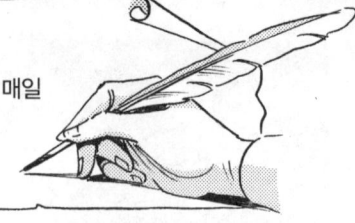

인도 덴마크령 센터폴은 후굴리 강을 따라 세워진 마을.

1800년 1월 10일부터 우리는 이곳에서 살게 되었다.

영국을 떠나 인도에 온 지 6년이란 시간이 흘렀다. 그러나 인도 사람은 한 명도 전도하지 못했다.

선생님 가족이 동인도회사에 체포되기 직전에 덴마크령으로 도망쳤다는 게 캘커타에서 큰 뉴스가 되었어요.

바이 대령이 우리가 도망가는 걸 도와줬다고 동인도회사가 항의했지만 대령은 신경도 쓰지 않습니다.

여기서는 자유로운 선교가 가능하니 성경과 안내책자 등을 얼마든지 인쇄할 수 있죠.

하나님이 라무 보슈를 여기로 보내신 거예요. 라무 보슈가 여기에 왔으면 하고 쭉 기도해 왔어요.

라무 보슈는 훌륭한 벵골어 학자이자 작가입니다. 부디 당신의 동족을 위해 알기 쉬운 안내책자를 써 주시지 않겠습니까?

라무 보슈는 기독교에 대한 안내글과
우상 숭배의 어리석음에 대해 알기
쉽게 써 주었고 곧 인쇄에 들어갔다.

우리는 마을로
나가 안내책자를
나눠 주었다.

후굴리 강에도 죄를 씻어내기 위해
강에 들어가는 사람이 많았다.

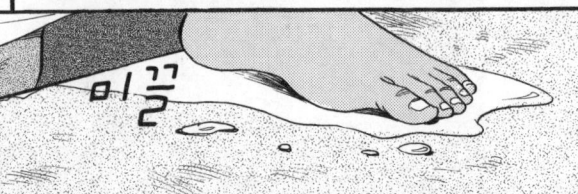

나는 인도 사람들과 점점 가까워지고 있다. 어제도 많은 사람들이 기뻐하며 복음서를 받아 주었다. 뿐만 아니라 찬송가 한 소절을 가르쳐 달라는 부탁을 받았다.

아들을 낳으리니 그 이름을 예수라 하라.

그가 자기 백성을 죄에서 구원할 자이심이라 하니라.

이런 말씀은 처음이야. 너희들도 이 분에 대해 좀 더 알고 싶지 않니?

그리스도를 믿는 인도인들 사이에 존재하는 카스트 제도에 대해 우리는 신중히 이야기를 나누었다. 그리고 예수 그리스도 앞에서는 모두 평등하다고 가르치기로 결정했다.

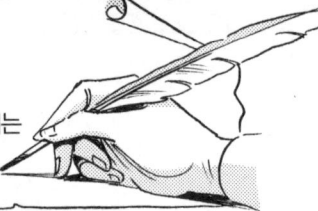

참 반가운 성도여 다 이리 와서
베들레헴 성내에 가 봅시다
저 구유에 누이신 아기 예수를 보고
엎드려 절하세 엎드려 절하세
엎드려 절하세 구세주 났네

이 세상 주께서 강생하실 때에
참 신과 참 사람 되시려고
동정녀의 몸에서 나시었으니
엎드려 절하세 엎드려 절하세
엎드려 절하세 구세주 났네

일주일 전

크리시나 씨, 부인과 아이들 모두 함께 와서 크리스마스 식사 어떠신지요?

캐리 선생님, 감사 합니다.

한밤중에 기도를 해도 마음이 가라앉지 않고 기도가 형식적으로 되어 버린다. 하나님과의 교제에 기쁨이 없을 때에는 그저 주님의 임재를 구하며 편안히 몸을 눕힌다.

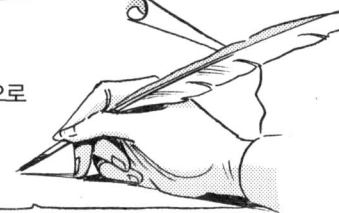

윌리엄, 이것 좀 봐요. 당신 스웨터를 짜고 있어요.

나는 당신 부츠를 만들고 있지.

봄이 오기 전에 완성할 수 있겠어요?

하하하~ 내 실력을 너무 몰라 주는 거 아냐?

이전에 쫓기듯 떠났던
영국령 캘커타에 있는 대학에서
벵골어를 가르치게 되었다.
모든 일에 하나님의
계획하심이 있음을 믿는다.

마음은 여름의 태양처럼 말라 있고 어리석은 생각으로 방황하고 있다.
나 자신의 어리석음이 슬프다.
도로시를 생각하면 가슴이 미어진다.

1807년 아내 도로시가 세상을 떴다.

너무 많이 울면 천국에서 어머니가 걱정하셔.

다시 어머니와 피터를 만날 수 있을 거니까.

천국에서 만났을 때 어머니에게 칭찬받을 수 있도록 하나님을 잘 믿으며 살자.

응.

알았어...

펠릭스를 제외한 우리 가족은 월요일부터 금요일까지 캘커타 대학의 기숙사에서 지내게 되었다. 주말에는 펠릭스가 있는 센터폴 선교사 회관으로 돌아갔다.

형, 캘커타에서 아버지가 하루에 10명 몫은 해내시는 것 같더라. 어제만 해도….

아버지와 같은 침대에서 잤는데 5시 40분에 일어나 히브리어 구약성경을 읽고 기도하며 묵상을 하셨어.

7시에는 우리를 깨워서 가정부까지 함께 벵골어로 예배를 드리고, 예배 후 어학 선생님과 페르시아어로 성경을 읽고 힌두스탄어로 번역하셨어.

그리고 나서 드디어 아침식사. 아버지와 나는 시끌벅적 신나게 이야기했지.

이 후 출근 때까지 무지무지하게 어려운 고대 인도시 '라마야나'를 영어로 번역하셨어.

10시부터 3시까지는 대학에서 영국 젊은이들에게 벵골어와 산스크리트어 그리고 인도 문화를 가르치셨지.

저녁식사 전까지는 아픈 인도 사람들을 돌보거나 가난한 노인들에게 필요한 물건을 나눠 주고 기도하셨지.

저녁식사 후엔 집으로 찾아온 학자들과 함께 마태복음 8장을 산스크리트어로 번역하셨고

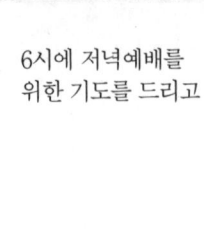

6시에 저녁예배를 위한 기도를 드리고

7시부터 9시까지는 예배당에서 40명 가량의 신자들에게 영어로 말씀을 전하셨어.

9시에는 우리의 잠자리에서 머리 위에 손을 놓고 축복 기도를 해 주셨어.

그 후 10시까지 에스겔서를 벵골어로 번역하고

11시에는 그리스어 성경을 한 장 읽고 기도 후 잠자리에 드셨대.

어휴~ 난 절대 그렇게는 못해.

아버지처럼은 못해도 우리는 우리가 할 수 있는 일을 열심히 하면 돼.

5년 후

1812년 3월 11일 인쇄소에 화재가 났다. 주님, 이것도 감사하게 하옵소서. 우리들은 동양의 언어를 활자화 하고 성경을 번역하는 큰일을 향해 나아가겠습니다.

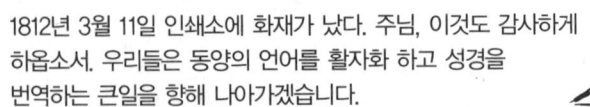

센터폴 인쇄소가 원인 모를 화재로 타 버렸답니다.

이 인쇄소를 통해 캐리 선생 팀이 성경의 일부라도 번역을 한 언어는

산스크리트어, 벵골어, 마라티어, 오리야어, 힌두스탄어, 구자라트어, 중국어, 시크어, 데링가어, 크루나타어, 비루마어, 페르시아어에 이릅니다.

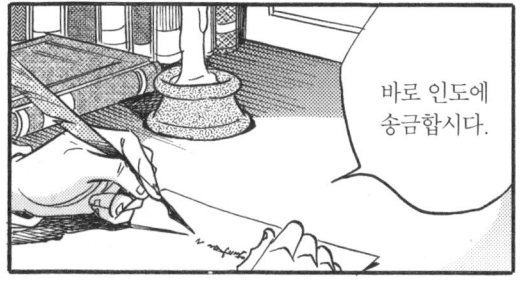

고르크!

데굴   데굴

선생님, 고르크가 힌두교도 직장 동료한테 맞아죽었대요.

네? 이런 끔찍한 일이!

주님, 그저 제가 할 수 있는 매일의 일을 하도록 도와주소서. 별 쓸모없는 육신이지만 제가 할 수 있는 일에 충실하며 만족을 느낍니다.

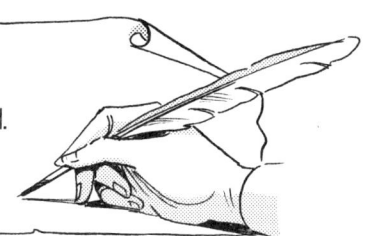

여러분, 힌두교의 가르침에는 사티가 없습니다.

이 소책자에는 라무 모한 로이 선생님이 연구한 내용이 있으니 꼭 읽어 주세요.

로이 선생님이?

유명한 힌두교 학자 로이 선생님이라면 믿을 수 있지.

주변 사람들이 차례로 세상을 떠나는 순간에도 나는 영국에 돌아가겠다는 생각은 하지 않는다. 주님의 부르심을 따르는 동안 내 마음은 인도에 묶여 버렸다.

사티가 폐지되고 5년이 지난 봄

윌리엄

윌리엄

주님, 저를 부르십니까?

사랑하는 동생 토마스,
이것이 마지막 편지가 될 것 같구나.
어제 드디어 벵골어 신약성경의 개정판을 완성했다.
구두공이던 내가 여기까지 온 것은 주님의 기적이야.
사티 풍습도 폐지되고 이제 주님이 나를 맞아 주시는
것만을 기다리고 있다. 사랑하는 가족과 선생님들도
영광의 주님 곁에서 기다리고 있겠지.

다만… 나는 분명한 부르심을 받고
인도에 왔지만 가족들은 어떠했을까
생각하면 마음이 아프다.
천국에서 만날 때 아내와
아이들에게 사과하려고 해.

223

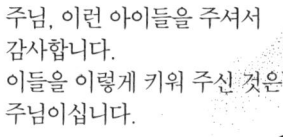

주님, 이런 아이들을 주셔서
감사합니다.
이들을 이렇게 키워 주신 것은
주님이십니다.

편지를 가져다 줘서 고마워,
유스토스. 아버지에게도
진심으로 감사한다고
전해 주렴.

네,
그럴게요.

큰아버지, 여기서 며칠 더
머물러도 될까요? 아버지가
갠지스 강의 석양을 꼭 보고
오라고 하셨거든요.

라무 보슈,
캐리 선생님께
처음으로 야단
맞았습니다.

제가 설교 중에
캐리 선생님이,
캐리 선생님이를
반복했다고요.

근대선교의 아버지
윌리엄 캐리 (1761~1834)

1761년   8월 17일 영국 노샘프턴 폴러스푸리의 가난한 가정에서 태어났다.

1777년   16세부터 28세까지 구두 가게에서 일했다. 부모님은 열성적인 영국국교회 신자로 어릴 적부터 그 영향을 받았다.

1783년   노샘프턴 침례교 교회의 회원이 되어 평신도 전도사로 봉사했다.

1786년   물톤 침례교회 목사로 취임했다. 이 기간에 독학으로 라틴어, 그리스어, 히브리어, 네덜란드어, 프랑스어, 독일어 등을 습득했다.

1792년   5월 노팅엄에서 열린 침례교 연례회에서 "하나님으로부터 위대한 일을 기대하십시오. 하나님을 위하여 위대한 일을 시도하십시오"라는 유명한 설교를 통해 해외 선교의 필요성을 호소했다.

1793년 영국 선교협회 파송 선교사로 인도 벵골 만에 도착했다. 많은 곤란과 싸우며 5년간 전도 사역과 성경 번역을 했다.

1799년 캘커타 북쪽 센터폴로 이동해 사역을 지속하면서 인쇄소를 세우고 벵골어 성경을 비롯하여 산스크리트어, 마라티어 등 40여 개의 언어로 번역 성경을 인쇄했다. 해당 언어를 상용하는 인구는 3억 3천만 명에 이른다고 한다.

1801년 인도 정부가 운영하는 캘커타의 포트 윌리엄 대학의 동양학 교수로 1830년까지 교편을 잡았다. 식물학자로도 유명하여 센터폴 식물원을 설립했다.

1834년 6월 9일 아침 이 땅에서의 사명을 다하고 주님의 품으로 돌아갔다. 향년 73세. 묘비에는 유언대로 "하찮은 벌레와 같은 나, 당신의 자비로운 어깨에 기대어 잠들다"라고 쓰였다.

글 : 카츠마 카즈에
1951년 가고시마 출생. 오사카 시립 고등학교 졸업. 중학교 시절부터 주니어 소설을 쓰기 시작. 지금까지 두 편의 단편 소설이 당선. 작품으로는 「다윗호가 간다」「곧바로 서쪽으로」 4컷 만화 「루쨩」 원작자이다.

그림 : 카츠마 토시오
1951년 오사카 출생. 디자인 학교 졸업 후 애니메이션 제작에 종사. 이 후 소년만화를 「소년 매거진」에 게재. 현재 프리 일러스트레이터로 광고 관련 일을 하고 있다. 작품으로는 「다윗호가 간다」「강강간바」「곧바로 서쪽으로」 4컷 만화 「루쨩」을 크리스천 신문에, 「치이로바」로 만화 잡지 라미이에 게재 중이다.

번역 : 장혜영
숙명여자대학교에서 정치외교학을, 일본 릿교대학에서 이문화커뮤니케이션을 전공하고 현재 일본어 전문 번역가로 활동 중이다.

■ 〈좋은씨앗〉은 하나님의 말씀입니다. 이 말씀이 좋은 마음밭에 떨어져 하나님의 나라가 땅끝까지 확장되고 예수 그리스도를 본받아 그 향기를 품은 성령의 사람들이 세상에 넘쳐나길 기대합니다. 그래서 백 배, 육십 배, 삼십 배의 결실을 맺길 소망합니다(마 13:18). 천국은 좋은 씨를 제 밭에 뿌린 사람과 같기 때문입니다. 〈좋은씨앗〉은 이와 같은 소망과 기대를 품고 하나님께 출판 사역으로 쓰임 받기를 기도합니다.
■